781

17892

Laroër

Mémoire

POUR

LES CRÉANCIERS DE L'ÉTAT,

Qui habitent le Département de la Roër.

DE L'IMPRIMERIE DE COURCIER, RUE POUPÉE, N°. 5.

Mémoire

POUR

LES CRÉANCIERS DE L'ÉTAT,

QUI HABITENT LE DÉPARTEMENT DE LA ROËR.

La République française, en acquérant, par le Traité de Lunéville, la souveraineté des pays situés sur la rive gauche du Rhin, et qui forment aujourd'hui les départemens *de la Roër, de Rhin et Moselle, de la Sarre et du Mont-Tonnerre,* s'est chargée de payer les dettes contractées par les anciens Souverains de ces pays.

En l'an 10, le Gouvernement français s'occupa de la suppression des corporations et établissemens religieux, de la vente de leurs domaines, ainsi que de ceux provenans des anciens souverains ; mais en même-temps il pensa à assurer le paiement des dettes dont ces propriétés étaient chargées. L'article 19 de l'arrêté du 20 prairial, qui supprime les couvens, porte que les lois relatives à la vente des biens nationaux de l'ancien territoire, ainsi qu'à la liquidation et au paiement des dettes dont ils étaient grevés, seront appliquées aux biens dépendans des maisons et établissemens religieux.

Cet arrêté, qui était une preuve de la sollicitude des Consuls pour les Créanciers de ces Établissemens, fut diversement expliqué dans le département de la Roër. Des esprits naturellement effrayés, et plus

A

alarmés encore par les fausses interprétations qu'on leur donnait de
cet acte , en conclurent que les termes de leurs contrats pourraient être
méconnus , et que les dettes ne seraient payées qu'en inscriptions au
grand livre , après réduction des deux tiers de la somme principale.

La loyauté bien connue du Gouvernement , la promesse qu'il avait
faite par le Traité de Lunéville , de payer toutes les dettes des pays
que ce Traité avait cédés à la France , l'exemple de ce qui avait été
fait pour celles du ci-devant Piémont, rassuraient le plus grand nombre
des Créanciers.

La confiance de ceux-ci n'a point été trompée , le Gouvernement
vient , par un arrêté tout récent , de la justifier et de dissiper
en partie les alarmes des autres; quoique la teneur et les détails de
cet arrêté ne soient pas encore connus, les Créanciers ont la certitude
d'obtenir la liquidation de la totalité de leurs créances. Cette décision
assure au Gouvernement la reconnaissance des habitans des quatre
nouveaux départemens du Rhin, et le premier Consul ne manquera pas
d'en recueillir les nombreux témoignages en parcourant ces départemens.

Ce premier arrêté sera sans doute suivi d'un second acte de justice, qui
semble en être une conséquence naturelle, *l'admission des créances en
paiement des domaines nationaux.* Les Créanciers la sollicitent avec
d'autant plus de confiance , qu'elle ne sera pas moins avantageuse aux
intérêts du trésor public qu'à eux-mêmes, et que le Gouvernement a
déjà pris une pareille détermination en faveur des Créanciers de l'État,
qui sont placés dans la 27e division militaire.

Ceux qui habitent le département de la Roër, croient devoir , autant
pour reconnaître la justice qu'ils ont obtenu, et éclairer le Gouvernement sur l'étendue des engagemens qu'il a à remplir , que pour motiver
la seconde décision qu'ils desirent, donner ici un Précis de la *somme
des dettes, de leur origine, indiquer le taux d'intérêt auquel elles
ont été stipulées , les biens et revenus sur lesquels elles sont affectées, le temps auquel les Créanciers pouvaient en exiger ou devaient en
recevoir le remboursement, la diminution qu'elles éprouveront par la
confusion que les circonstances opèrent dans la personne morale du
Gouvernement , des qualités de débiteur et de créancier.*

On se permettra aussi quelques données, d'après lesquelles on pourrait déterminer la partie des dettes qui doit rester à la charge des États d'Empire, celle qui doit être payée par la République, comme ayant succédé aux anciens Souverains, et celle qui doit être supportée par les villes d'Aix-la-Chapelle et de Cologne, et par les anciens Districts ou Bailliages (1), *qui font aujourd'hui partie du département de la Roër.*

Enfin, on parlera *des moyens de procéder à la liquidation et de ceux d'opérer le paiement de ces dettes*, ce qui ramènera tout naturellement à discuter la demande faite par les Créanciers, qu'elles soient admises en acquit des Domaines nationaux à vendre.

La Dette publique du Département de la Roër se compose :

1°. Des sommes dues par la ville, ci-devant impériale, d'*Aix-la-Chapelle* ;

2°. Par celle de *Cologne* ;

3°. Par la partie de l'Electorat de ce nom, qui est située sur la rive gauche du Rhin ;

4°. Par le Duché de *Juliers* ;

5°. Par les pays ci-devant Prussiens, *Clèves*, *Mœurs* et *Gueldres* ;

6°. Par les Comtes d'Empire et les Abbayes Souveraines de *Borcette* et de *Corneli-Munster* ;

7°. Par les anciennes *Tribus* ;

8°. Par les *Établissemens religieux.*

Les Archives des anciennes Souverainetés de ces pays étant encore en grande partie de l'autre côté du Rhin, où elles ont été transportées lors de l'approche des Armées françaises, on sera quelquefois obligé de raisonner, non d'après des titres qu'on n'a point toujours, mais d'après les états des revenus qui servaient à acquitter les créances ou d'après d'autres données très-approximatives, et les seules que l'on puisse se procurer dans l'état actuel des choses.

---

(1) D'après le Traité conclu avec l'Électeur de Bavière, le 6 fructidor an 9…. les dettes des anciens Districts et Bailliages restent à la charge des communes qui les composaient. L'abandon que le Gouvernement a fait aux communes des arrérages des rentes dues à la République depuis le 24 floréal au 5, jusqu'a 1er vendémiaire an 11, facilitera beaucoup le paiement de ces dettes.

DETTE

DE LA VILLE D'AIX-LA-CHAPELLE.

Les dettes de la ville impériale d'Aix-la-Chapelle, y compris les intérêts arriérés jusqu'au premier Janvier 1803, s'élèvent, non compris l'*agio* (1), à environ 3,363,621 fr. 30 c.

Les premières dettes de cette ville datent de 1656; elles furent contractées pour réparer les désastres causés par l'incendie qui, dans la même année, la réduisit en cendres; elles s'accrurent ensuite, 1°. par les dépenses qu'occasionnèrent les guerres qui survinrent, notamment par celle de sept ans; la France seule exigea alors une avance de 80,000 couronnes, (480,000 livres) qui ne furent jamais remboursées à la ville, malgré l'assurance qu'on lui en avait donnée;

2°. Par la construction de routes sur Liège et Maestricht;

3°. Par les frais qu'il fallut faire à diverses reprises, pour défendre la Souveraineté de la ville et du territoire qui en dépendait, contre les prétentions toujours renaissantes de la Cour Palatine;

4°. Par les frais que coutèrent les Commissions appelées ou nommées par les Chefs de l'Empire, pour régler les discussions intestines qui se renouvelèrent successivement et assez fréquemment;

5°. Enfin par ceux de la dernière guerre, par l'établissement simultané de trois hôpitaux militaires, de plusieurs magasins de tout genre, et d'une infinité de dépôts d'administration.

Toutes ces dettes furent contractées par le Sénat, alors souverain légitime et reconnu, et presque tous les Créanciers s'étaient réservé le droit d'être remboursés à leur volonté, à des termes plus ou moins éloignés.

Il était rare que les Créanciers usassent de cette faculté; la sûreté et la valeur de l'hypothèque que le Sénat leur donnait, l'exactitude qu'il mettait à acquitter les intérêts, déterminaient les prêteurs à ne point retirer leurs capitaux. Par les mêmes raisons, le sénat obtenait,

____

(1) On entend par *agio* la différence qu'il y a entre la valeur d'une somme au jour où elle a été prêtée et celle qu'elle a au jour où elle est rendue. Le débiteur, en remboursant, est obligé de rendre la valeur que la somme avait au jour où elle a été empruntée. C'est un droit généralement établi dans ces pays.

dans ses emprunts , des conditions beaucoup meilleures que les particuliers : on lui prêtait généralement à 3 et 4 pour cent , chose assez
extraordinaire dans une ville où les besoins du commerce devaient faire
rechercher l'argent.

Les créances étaient hypotéquées sur les biens-fonds de la ville , sur
les contributions dont étaient chargés à son profit les immeubles situés
dans la banlieue de son territoire , sur les produits d'un droit de
barrières , des accises sur la consommation , sur ceux de la douane et
sur l'octroi des jeux. Toutes ces branches réunies formaient un revenu
annuel de 374,000 fr. , qui suffisait aux frais d'administration , au
paiement des intérêts de la dette , et même à faire un fonds d'amortissement pour en éteindre le capital.

La ville d'Aix-la-Chapelle étant alors une ville libre de l'Empire , ne
faisait aucune distinction entre ses revenus seigneuriaux , c'est-à-dire
ceux qu'elle percevait à titre de souveraineté , et ceux qu'on appelle
communaux. Il importe de les distinguer aujourd'hui , afin de bien con-
naître la somme des dettes qui passe à la charge de la République
française , comme succédant à la souveraineté de la ville , et celle qui
restera à la charge de la Commune , en proportion des revenus communaux qu'elle conservera.

Les revenus seigneuriaux étaient le produit annuel de la
douane , de. . . . . 63,000 fr.
Le produit de l'Impôt et taxe des barrières. 69,000
De l'accise sur les eaux-de-vie 50,000
Sur les vins et liqueurs. 14,000
Sur la viande. 15,000
De la taxe foncière. 27,000
De l'octroi des jeux. 76,000
De recettes diverses. 40,000
                                                              ______
                                                             353,000 fr.

Les revenus communaux se composaient du produit annuel de la coupe des bois appartenant à la ville , ci. . . 13,500
Du loyer de différentes maisons et biens dont la ville
d'Aix-la-Chapelle était et est encore propriétaire 7,500
                                                              ______
                                                             374,000 fr.

De ces trois cent soixante-quatorze mille francs, la ville d'Aix-la-Chapelle ne conserve plus que 21,000 fr. de revenus communaux. Depuis l'occupation du pays par les troupes françaises, les autres revenus ont d'abord été perçus au profit de la République, puis supprimés et remplacés par d'autres impôts plus nombreux et plus considérables. C'est ainsi que la ville, qui ne payait jadis aucune des contributions, connues aujourd'hui sous le nom de *directes*, n'en perçoit plus, comme au trefois, sur les biens formant le territoire qu'elle a perdu; mais est assujétie elle-même à ces contributions pour une somme de 146,000 fr. sans compter le timbre, l'enregistrement, les patentes, le droit sur les successions, et beaucoup d'autres impôts *indirets* qui avaient été ignorés jusqu'à la prise de possession du pays par les armées françaises.

On a déjà fait pressentir que la règle que l'on proposerait pour déterminer la portion de dettes dont le Gouvernement devra se charger, et celle qui devra rester à la charge des Communes, serait *en raison de la portion de revenus que l'un aura acquis ou que les autres auront conservé :* ce parti semble être celui que la raison et la justice avouent. Ainsi, en partant de ce point, la ville d'Aix-la-Chapelle restera grevée de capitaux de dettes jusqu'à concurrence de la valeur des bois et des maisons qui lui appartiennent, et des intérêts de ces capitaux jusqu'à concurrence des 21,000 fr. de revenus que lui produisent ses propriétés : ces 21,000 fr. sont les 17 $\frac{17}{21}$ des revenus que lui produisent ses propriétés: le surplus reste à la charge de la République.

Néanmoins, l'État n'aura point à acquitter la totalité des sommes qui paraissent passer à sa charge, attendu que, dans le nombre, il s'en trouve qui étaient dues à des Corporations ou Établissemens religieux supprimés, auxquels la République succède. La confusion qui se fait en elle des qualités de débiteur et de créancier, opère l'extinction de cette partie de la dette. On peut évaluer la somme que doit à des établissemens supprimés la ville d'Aix-laCha-pelle, à 541,744ᶠ 25ᶜ
Il est dû ensuite aux Hospices, une somme de 559,508 80
A des Fabriques, celle de 143,384 75
A des Particuliers 2,118,983 50

SOMME TOTALE. 3,363,621ᶠ 30ᶜ

Ci-contre. 3,363,621ᶠ 30ᶜ

De laquelle déduisant celle de . . . . . 541,274ᶠ 25ᶜ ⎫
due aux Établissemens supprimés, qui a été
portée ci - desssus au passif, et qui doit
l'être à l'actif, en raison de la confusion des
qualités de débiteur et de créancier.   ⎬ 730,610 68

Et pour les créances restant à la charge de
la commune d'Aix-la-Chapelle, en propor-
tion des biens qu'elle conserve, celle de . . 188,866 43 ⎭

Reste à payer par le Gouvernement. 2,633,010ᶠ 62ᶜ

DETTE
DE LA VILLE DE COLOGNE.

La dette de la ville libre et impériale de Cologne, à la même origine, à-peu-près que celle de la ville d'Aix-la-Chapelle. Elle eût pour principale cause les livraisons, qu'elle fut obligée de faire aux armées, qui occupèrent Cologne pendant les guerres, les frais d'établissemens et d'entretien des hôpitaux militaires, des emprunts donnés à la France, etc.

La totalité de cette dette se montera, y compris les intérêts jusqu'au premier janvier 1803, à six millions six cent quarante-neuf mille un fr.

Cette somme est due, savoir :

A des Hospices. . . . . 1,139,777 fʳ.
A des Fabriques. 1,301,196
A des Particuliers. 2,274,052
A des Confrairies et Établissemens religieux supprimés. 1,933,976

Somme pareille. . . . . 6,649,001 fʳ.

Il faut déduire de cette somme la portion due aux Établissemens supprimés, que la République n'aura point à payer, puisqu'elle a succédé à ces Établissemens, ci. . 1,933,976

Reste à payer par le Gouvernement. . . . . 4,715,025 fʳ.

Cette somme sera encore diminuée de toutes celles que la ville de Cologne devra payer en raison des revenus qu'elle conserve. On en donnera l'État plus tard. . . . . .

On observe que les revenus de la ville de Cologne suffisaient, ainsi qu'à Aix-la-Chapelle, pour acquitter les intérêts de cette dette et former un fonds d'amortissement, sans qu'il *y* eût aucune contribution établie sur la ville. Les habitans n'en ont payé que depuis l'occupation du pays par les Français.

DETTE

DE L'ÉLECTORAT DE COLOGNE.

Les Créanciers de l'Électorat de Cologne pouvaient, d'après les termes de leurs contrats, *exiger en tout temps le remboursement de leurs créances*, l'intérêt en était généralement fixé à 4 pour cent.

Ces dettes se divisent en dettes domaniales, et en dettes d'État ; les premières hypotéquées sur les anciens domaines, et les secondes ayant pour gage les produits des contributions foncière et industrielle.

Mais comme l'Électorat de Cologne s'étendait sur la rive gauche et sur la rive droite du Rhin, ses dettes doivent être payées concurremment par les deux pays.

On se réserve de donner plus tard des renseignemens certains sur ce qui regarde les dettes domaniales, que l'on croit pouvoir d'avance évaluer à 1,200,000 francs, ci . . . . 1,200,000 fr.

Les dettes d'État remontent à l'an 1600; elles se composent d'emprunts nécessités par les guerres. Ceux qui ont été faits depuis 1600 jusqu'à 1740, montent à . . . .   404,022 rix. 50 alb. 8 hell.

Ceux faits
{ de 1740 à 1790, à.   515,233   26
{ en 1792, à   80,000
{ en 1793, à   172,212   64
{ en 1794, à   216,496   49   6

Les emprunts faits sur les caisses des barrières, se montent à   52,525   50

En totalité . . . .   1,440,491 rix.   6 alb.   2 hell.

Faisant en francs environ. 4,321,473 30

Cette somme est due à 643 Créanciers, dont des Hospices, pour   341,172

Des Fabriques, pour.   32,624

Des Particuliers, pour.   3,052,499

Des Établissemens religieux supprimés, pour. 895,178 30

Somme pareille 4,321,473 30

Ci-contre

Report. . . . . .4,321,473^f·30^c·

A déduire la part due aux Établissemens religieux sup-
primés 895,178 30

Reste celle de. . . . . .3,426,295^f « $^{c.}$

A déduire encore pour la portion qui devra rester à
la charge des princes d'Empire, qu'on peut évaluer à . . 432,147 33
qui sera le dixième que la partie de l'Électorat de Cologne
située sur la rive droite, doit supporter, d'après la proportion pour laquelle elle est comprise dans les *simples* (1).

Restera à payer par la France, celle de . . . . .2,994,147^f·67^c·
Dettes domaniales. . . . . .1,200,000 «

T O T A L. . . . . .4,194,147^f·67^c·

D E T T E

D U   D U C H É   D E   J U L I E R S.

Les dettes du Duché de Juliers se divisent, comme celles de l'Électorat de Cologne, en dettes domaniales et en dettes d'État. Les premières ont pour hypothèque les domaines du Duché, et les secondes,
les contributions foncière et industrielle que le Prince y levait.

Les dettes domaniales de ce Duché datent du milieu du quinzième
siècle; elles ont été reconnues au nom de l'Électeur palatin, Duc
de Juliers, par la Chambre des finances de Dusseldorf, depuis 1740
jusqu'en 1750. Elles sont presque toutes exigibles à la volonté du créancier, et le taux de l'intérêt s'en trouve généralement stipulé à 4 pour
cent. Elles se montent en capital à 707,270fr. 52 cent. ; les revenus qui
servaient à les acquitter, s'élèvent à environ 680,000 fr. Ces revenus sont
perçus entièrement par la République, puisque les biens qui les produisent
sont tous situés sur la rive gauche du Rhin; ainsi le Gouvernement est
tenu d'acquitter la totalité de la dette.

Les Créanciers qui ont droit de la réclamer, sont :

---

(1) Nom générique des anciens impôts fonciers et industriels.

B

Des Hospices , pour. . . . . 47,060 f. 60 c.
Des Fabriques , pour . . . . 15,807 «
Des Particuliers , pour 425,256 64
Des Confrairies et Établissemens supprimés , pour . 219,146 28

T O T A L . . . . 707,270f. 52c.

En déduisant celle de 219,146 28
due aux Établissemens supprimés, et que le Gouvernement n'aura point à payer.

Reste celle de . . . . 488,124f. 24c.

Ainsi, la République après avoir payé le principal de toutes les
dettes domaniales du Duché de Juliers, aura encore un bénéfice de
191.875 fr. 76 cent. sur les revenus d'une seule année.

On a porté au nombre des sommes dues à des particuliers, celle de
169,595 fr. 19 cent., prêtée par l'Électrice palatine. Cette somme ayant
été fournie de sa cassette, et cette princesse n'ayant aucun carac-
tère de souveraineté, on n'a pas cru devoir distinguer cette créance
de celle due à d'autres particuliers.

On a dit que les dettes domaniales du Duché de Juliers, devaient
être payées en totalité par le Gouvernement français, parce que les biens
qui servent de gage à ces dettes, sont tous en la possession de la France ;
mais il n'en doit pas être de même des dettes d'État, qui étaient hypotéquées sur les contributions.

Le Duché de Juliers sur la rive gauche du Rhin, et celui de Berg
sur la rive droite, étaient soumis, pour l'administration, à la même
régence, celle de Dusseldorff. Ces deux pays ne formaient, pour ainsi
dire , qu'un seul État soumis à la même forme de Gouvernement, aux
mêmes lois ; l'impôt leur était demandé en commun, le Duché de Berg
payait le tiers de la somme demandée, et les deux autres tiers étaient
supportés par le pays de Juliers.

La même proportion semble devoir être suivie pour le paiement des
dettes qui ont été contractées en commun ; c'est-à-dire, que l'Électeur
palatin doit en rembourser le tiers pour le Duché de Berg, et les deux
autres tiers doivent être payés par la France pour le Duché de Juliers.

Il faut excepter cependant de cette règle commune les dettes qui auraient été mises exclusivement à la charge de l'un ou de l'autre pays : dans ce cas, elles devront être acquittées par celui-là seul sur lequel elles auraient été assignées. Ainsi la République aura à payer seule, pour le pays de Juliers, d'après les états fournis par la Régence de Dusseldorff, deux sommes, montant, y compris les intérêts arriérés, l'une à 268,508 fr. ci. . . . . 268,508 f.

      L'autre, à 272,547

Au nombre des charges communes aux deux pays, est un emprunt de 286,666 rixd., ou environ 888,497 f. consenti par les États, le 20 novembre 1793, pour fournir aux besoins de la guerre ; mais cet emprunt n'ayant pas été entièrement rempli avant l'entrée des troupes françaises, on ne doit mettre à la charge de la France que les deux tiers des sommes levées avant l'entrée de ses troupes. Ces sommes s'élèvent, d'après les états, à 84,067 rixd., ou environ 258,506 fr. ; les deux tiers sont de 172,338 fr., à quoi ajoutant les intérêts qui, pendant neuf ans, à raison de 4 pour cent, s'élèvent à 69,777 fr., on trouve que la République devra pour cet objet, tenir compte aux Créanciers, de   242,115

De sorte que les dettes d'État du pays de Juliers, s'élèvent en totalité à   . . . . 783.170 f.

· Ajoutant le montant des dettes domaniales, ci-devant établi, ci. . . . . 488,124 f. 24 c.

On a pour la totalité des dettes du pays de Juliers, un total de . . . . 1,271,294 f. 24 c. qui devra être payé par la France.

Avant de terminer sur cet article, il est une observation importante à faire relativement à l'emprunt dont on vient de parler.

Avant l'entrée des troupes françaises dans le pays de Juliers, la Régence de Dusseldorff avait fait verser dans l'emprunt une somme de 15,630 écus, faisant partie de celles déposées aux greffes des justices du pays de Juliers. Lorsqu'elle fut instruite de l'approche des troupes françaises , elle fit venir à Dusseldorff les sommes qui restaient encore dans les greffes, et en fit verser dans l'emprunt une autre somme de 26,585 écus.

La République doit bien contribuer au paiement des deux tiers des 15,630 écus versés à l'emprunt avant que ses troupes n'occupassent le pays ; mais quant aux 26,585 écus versés à Dusseldorff, par l'ordre de la Régence, postérieurement à l'entrée des troupes françaises dans le Duché de Juliers , ils doivent être remboursés en totalité par l'Électeur palatin , qui les a seul reçus, qui en a seul profité, et avec lequel le pays de Juliers n'avait plus alors aucun rapport.

Ces dépôts appartiennent à des personnes devenues françaises, à des veuves et des orphelins , dont la situation ne peut manquer de toucher le Gouvernement, et de le porter à s'intéresser pour qu'ils obtiennent le remboursement qu'ils sollicitent depuis long-temps.

DETTE

DES PAYS PRUSSIENS.

Les pays que la Prusse possédait sur la rive gauche du Rhin, avant la paix qui les a cédés à la France , sont le *Duché de Clèves, le Duché de Gueldres , et la Principauté de Mœurs.*

Le Duché *de Clèves* n'est point en totalité en la possession de la République, mais elle a l'intégralité du Duché *de Gueldres* , et de la Principauté *de Mœurs* , de manière qu'elle est chargée aussi de la totalité de leurs dettes.

DETTE

DE LA PRINCIPAUTÉ DE MŒURS.

Les dettes de la Principauté *de Mœurs* ont été contractées depuis 1550 jusqu'à 1794. Elles devaient se monter à cette époque, y compris celles de la ville *de Crevelt* qui faisait partie de la Principauté, à 353,937 risdalers , ou environ 1,274,172 fr. ; en ajoutant les intérêts dûs depuis l'entrée des troupes françaises , ces dettes

s'élèveront à . . . . · . . . . 1,325,038 f.

Ci-contre. . . . . 1,325,038 f.

DETTE
DU DUCHÉ DE GUELDRES.

Les dettes du Duché de Gueldres se divisent en trois classes.

1°. Les dettes antérieures à la guerre de sept ans, c'est-adire contractées jusqu'à la fin de 1756 ; elles s'élèvent, y compris les intérêts, jusqu'à l'entrée de l'armée française, à . . . . . . 40,509^{rix} 37$^{st.}$ 9$\frac{1}{2}$ h.

2°. Celles faites depuis le commencement de 1757 jusqu'à 1792, qui s'élèvent, y compris les intérêts jusqu'à l'arrivée des troupes françaises, à . . . . 37,755 39 7$\frac{1}{2}$

3°. Celles de 1792, elles sont de . . . . 149,932 51 7$\frac{13}{25}$

Ajoutant ensuite les intérêts à 4 pour cent depuis la conquête. 79,020

307,217^{rix} ou en francs,

1,105,988

1,105,980 f·

DETTE
DU DUCHÉ DE CLÈVES.

La dette du Duché *de Clèves* doit être partagée comme l'est son territoire, entre la France, la Prusse et la République Batave. On pense qu'en admettant, pour principe de ce partage, la proportion de l'ancienne matrice, les dettes qui resteront à la charge de la France, monteront, y compris les intérêts dûs jusqu'au premier août 1802, à 3,032,402

Ainsi la dette générale des pays ci-devant Prussiens, s'élève approximativement à . . . . 5,463,420 f.

Il y a à faire sur ces dettes les mêmes observations qui ont déjà été lates sur celles des autres pays ; c'est-à-dire que le taux de l'intérêt, les conditions de remboursement, les créances sont semblables, et qu'il faudra opérer sur leur total, la réduction des sommes que le Gouvernement se devra à lui-même, comme succédant aux Établissemens religieux qui étaient créanciers de ces pays.

Dette des Comtes d'Empire et des Abbayes souveraines de Borcette et de Corneli-Munster.

Les biens que les Comtes d'Empire avaient acquis sur la rive gauche du Rhin *à titre particulier* et de leurs économies, n'ayant jamais été que séquestrés, il ne peut être question de faire supporter par la République les dettes dont ces biens sont chargés. Il ne peut pas être question d'avantage de mettre à la charge de la République les dettes qui étaient affectées sur les biens que ces princes possédaient *à titre de souveraineté*, avant la cession qui en a été faite à la France, puisqu'il a été convenu que ces dettes seraient reportées sur les terres et propriétés que les Comtes doivent avoir reçu en indemnité sur la rive droite.

Les dettes des Abbayes souveraines de Borcette et de Cornéli-Munster ont été contractées pour l'entretien et l'amélioration des biens qu'elles possédaient, ou pour fournir aux demandes des armées qui ont occupé le pays.

Les dettes de l'Abbaye de *Borcette* se montent, à 61,249 f. 56 c.
Celles de *Corneli-Munster*, à 159,085 f.

Il n'y a nulle comparaison à faire entre la somme de ces dettes et la valeur des biens que la République acquiert en succédant à ces Abbayes.

DETTE

DES ANCIENNES TRIBUS.

Les Tribus étaient les Corporarions de métiers, dans les villes de *Cologne* et d'*Aix-la-Chapelle*. On ne leur connaît point de dettes, on ne leur connaît pas davantage de biens. Au surplus, les unes et les autres seraient de peu d'importance, et l'on aura soin de fournir, sur ces Tribus, les renseignemens que l'on pourra se procurer.

DETTE

DES ÉTABLISSEMENS RELIGIEUX.

Les dettes des Établissemens religieux supprimés s'élèvent à une somme de 2,687,180 fr. 44 cent.

Ces dettes ont été constituées à l'intérêt de quatre pour cent et peuvent être exigées par les Créanciers. Elles sont le résultat d'emprunts faits pour acquisition de biens nouveaux, ou pour amélioration de biens acquis depuis long-temps, ou enfin pour payer les charges de la dernière guerre.

La somme des biens appartenans à ces Établissemens est de beaucoup trop supérieure à leurs dettes, pour qu'il soit nécessaire d'établir aucune comparaison à cet égard.

RÉCAPITULATION.

En récapitulant les sommes dûes par les diverses pays qui composent maintenant le département de la Roër, on trouve que le Gouvernement devra se charger d'acquitter pour la ville d'*Aix-la-Chapelle*. . . . . 2,633,010 f. 62 c.

Pour celle de *Cologne*. . . . . 4,715,025 «

Pour l'Électorat du même nom. 4,194,147 67

Pour le pays de *Juliers*. 1,271,294 24

Pour les pays ci-devant *prussiens*. . . . . 5,463,420 «

Pour l'abbaye de *Borcette*. 61,249 56

Pour celle de *Corneli - Munster*. . . . . 159,085 «

Pour les anciennes tribus. . . . .

Pour les Établissemens religieux. 2,687,180 44

$$\text{T O T A L } \quad 21,184,412 \text{ f. } 53 \text{ c.}$$

Sauf les erreurs et les déductions qui resteront encore à faire.

MOYENS D'ACQUITTEMENT.

Reste maintenant à examiner de quelle manière il convient au Gouvernement et aux Créanciers que ces dettes soient payées.

Elles ont, comme on l'a vu, deux sortes d'hypothèques : les unes sont affectées sur les domaines du pays, les autres sur les anciennes contributions que la France a remplacées par des contributions nouvelles : de sorte qu'en suivant les principes du droit et la lettre des contrats, dans lesquels les anciens souverains que la France représente aujourd'hui, se sont obligés, comme des particuliers, une partie des créanciers peut demander qu'on ne dispose pas des domaines qui leur servent de gage, jusqu'à ce qu'ils aient été remboursés, et que l'autre partie peut demander aussi qu'on prélève, sur les contributions courantes, les sommes nécessaires pour rendre celles qui ont été prêtées et pour lesquelles les anciens souverains avaient engagé les impôts du pays.

Mais l'un et l'autre parti, quelques fondés que les créanciers fussent à le réclamer, nuiraient aux intérêts du Gouvernement : le premier entraverait la vente des domaines ; le second occasionnerait, sur les recettes ordinaires, une distraction que les besoins du trésor-public pourraient ne pas permettre, sur-tout en temps de guerre. Ces inconvéniens ont trop d'évidence, et les Créanciers ont trop d'envie de prouver à la République l'attachement qu'ils lui ont voué en entrant dans son sein, pour ne pas chercher un autre moyen qui assure leur paiement sans nuire en rien aux intérêts de l'État. On croit rencontrer ce double avantage dans l'admission des créances en acquit des domaines nationaux qui sont à vendre, et des rentes qui sont dûes à la République.

Il y a avantage pour les Créanciers, en ce qu'ils se trouvent sur-le-champ remboursés de ce qui leur est dû ; il y a avantage pour le Gouvernement, en ce qu'il se libère sans bourse délier et sans réduire la valeur qu'il compte recevoir des propriétés qu'il a mises en vente.

Au premier aspect, cette proposition semble paradoxale ; mais quelques explications prouveront sans doute qu'elle n'est pas dénuée de raison.

Depuis 9 ans les quatre nouveaux départemens du Rhin ont été le théâtre de la guerre. Delà est résulté un épuisement général, et sur-tout une pénurie de numéraire qui ne laissent plus aux habitans de facultés pour se présenter aux ventes des domaines nationaux. La carrière sera donc ouverte seulement à des compagnies de spéculateurs étrangers qui s'entendront pour avoir les biens de ces départemens, à des conditions aussi défavorables pour l'État que celles auxquelles ont été vendus les biens de la Belgique ; et il est à craindre dans ce cas, que le prix
qu'on

qu'on obtiendra de ceux des départemens du Rhin ne surpasse pas de beaucoup les dettes dont ils sont chargées.

Que si, au contraire, on admet ces créances en paiement des domaines et en acquisition de rentes dûes à la République, on rend à la circulation une foule de valeurs mortes, inutiles au possesseur et à l'État, on augmente au moins du double la somme de celles destinées à employer en achat de domaines, on double par conséquent le nombre des enchérisseurs, et l'on augmente, dans une proportion bien plus grande, la chaleur des enchères. Le Créancier de l'État qui aura entre les mains, des titres dont le principal et plus prompt emploi sera l'acquisition des biens nationaux, aura par cela même un grand intérêt à hausser le prix des ventes.

On peut même prédire, avec certitude, que, dans toute enchère qui sera disputée entre un étranger et un habitant des départemens du Rhin créancier de l'État, l'adjudication restera en définitif à celui-ci, quelqu'obstination que mette l'autre à avoir l'objet en vente, ou à faire payer à son compétiteur l'envie qu'il aura manifestée de le posséder : car, l'étranger ne voudra point acquérir, loin de son domicile et de ses habitudes, à moins qu'il ne soit sûr de retirer au moins 6 pour cent de revenu, tandis que le Créancier se trouvera très-heureux de placer dans son pays, au même taux qu'il avait autrefois, c'est-à-dire, à 3 et 4 pour cent.

De cette concurrence il naîtra pour l'État un grand avantage, les domaines seront vendus beaucoup plus cher, et l'on verra ci-après que le sur-haussement que cette concurrence occasionnera dans le prix des ventes suffira non-seulement pour payer toutes les dettes dont les biens sont chargés, mais qu'elle fera encore rentrer dans les coffres de l'État des sommes notables; ainsi le Gouvernement se sera libéré par une simple opération administrative, de dettes considérables; et dans ces pays nouvellement réunis, il aura intéressé, par la reconnaissance et la propriété, une foule d'hommes au maintien de l'ordre actuel des choses et au sort de l'ancienne France.

Si, à la considération des avantages réciproques que présente la proposition des Créanciers on ajoute les considérations de justice qui la

C

motivent, il sera encore plus difficile de ne point l'accueillir; tous sont créanciers hypothécaires, les uns des domaines, les autres des contributions, et ils sont en droit de réclamer leur remboursement avant qu'on ne puisse disposer des biens ou des revenus sur lesquels il est affecté; car il est de principe que les biens ne peuvent être transmis tant qu'ils sont chargés d'hypothèques. Les Créanciers hypothécaires ont pour ainsi dire un commencement de propriété de ces biens; les prêts qu'ils ont faits ont servi ou à les acheter, ou à les améliorer, ou à les entretenir, et toutes les lois veulent qu'avant d'exproprier un citoyen, on lui paie la valeur de sa propriété. Par la même raison, toutes les lois, tous les tribunaux ont admis de préférence les Créanciers hypothécaires à l'adjudication des biens sur lesquels portent les hypothèques, ou si les biens sont vendus à d'autres ce n'est jamais qu'à la condition du remboursement préalable des créances hypothécaires, ou de la continuation de l'hypothèque.

Dans tous les cas, le droit spécial que le Créancier a sur la chose est soigneusement conservé, le droit ne peut pas plus se perdre que la chose, et elle en reste toujours chargée, quelque soit le propriétaire, tant qu'elle n'a pas été libérée de l'hypothèque.

Ces principes, qui servent de règle entre tous les particuliers, ne doivent pas moins en servir entre les Créanciers et un Gouvernement qui respecte et sait faire respecter les droits des Citoyens; ou si l'intérêt de l'État exige qu'il y soit fait des dérogations auxquelles les Créanciers consentent bien volontiers, ces dérogations ne peuvent nuire à leurs droits, et l'on ne peut leur refuser au moins le bénéfice des principes qui les conservent, sur-tout lorsqu'ils présentent au Gouvernement des avantages notables.

Ce sont ces principes que les Créanciers réclament; ils demandent que le droit que leurs créances leur donnent sur les biens hypothéqués ne leur soit pas ôté, pour conférer exclusivement à d'autres la faculté d'acquérir ces biens; ils demandent que l'augmentation de prix qu'ils ont procurée aux domaines en prêtant les sommes qui ont servi à les entretenir, à les améliorer, ou à les libérer d'autres charges, soit reçue en paiement du prix de ces domaines; ils demandent, en un mot, en adoptant ces règles de transaction qui peuvent bien s'écarter du droit rigoureux pour faciliter la libération d'une des parties, mais ne doivent jamais nuire aux droits de l'autre, ils demandent à donner leur hypothèque en paiement de la chose qui leur est hypotéquée, c'est-à-dire, à réaliser le droit qu'ils ont sur la chose, et que rien ne peut leur ôter, contre la chose même.

La justice de ces réclamations ne sera pas méconnue ; l'exemple de ce qui a été fait pour les Créanciers du ci-devant Piémont, donne à ceux des quatre nouveaux départemens du Rhin la confiance qu'ils ne seront pas moins bien traités, et ils ont autant de droits que les autres à la bienfaisance du Gouvernement : privés depuis plus de neuf ans, des intérêts de leurs capitaux, obligés pendant le même espace de temps de fournir aux besoins de toutes les armées qui se sont succédées dans le pays, ils n'ont vécu que de secours et d'emprunts, et il ne leur reste maintenant de leur ancienne aisance que des souvenirs des comparaisons pénibles et un avenir encore plus affligeant, s'ils pouvaient penser que leurs réclamations ne fussent point entendues.

Ils demandent au Gouvernement d'étendre jusques sur eux cet intérêt et cette sollicitude, que dans sa médiation à Ratisbonne il a montré pour les Créanciers hypothécaires des États qui viennent d'être sécularisés en Allemagne, l'intérêt et la sollicitude que plus récemment encore il a montré pour les Créanciers des émigrés, en les autorisant, par l'arrêté du 3 floréal dernier, à donner leurs créances comme numéraire, en paiement du prix des biens des émigrés, leurs débiteurs. Ils demandent enfin l'application de l'arrêté du 17 messidor an 10, relatif aux Créanciers de l'État qui sont placés dans la 27ᵉ division militaire.

Les sacrifices que les habitans de la 26ᵉ division ont faits à la France, ne sont pas moins grands que ceux des habitans de la 27ᵉ division, et ils datent de plus loin ; car la guerre fut portée sur le Rhin bien avant de l'être sur le Pô, et les pays ci-devant allemands qui sont situés en-deçà du Rhin, avaient été occupés à diverses reprises par les armées des différentes puissances belligérantes, bien avant que les armées françaises ne fussent entrées dans le Piémont. Si le Gouvernement pouvait mettre quelque préférence dans sa justice, accorder plus de bien-veillance aux uns qu'aux autres, les habitans de la 26ᵉ division seraient fondés à réclamer cette faveur, en raison des charges et des pertes qu'ils ont supporté : mais ils ne demandent qu'un traitement égal à celui que le Gouvernement a accordé à des Créanciers dont les malheurs passés et la situation actuelle inspiraient peut-être moins d'intérêt, et ils ont trop de confiance dans l'équité du Gouvernement pour croire qu'il n'accueille pas leurs réclamations.

Ce que l'on a dit de l'avantage qu'il y aurait pour le Gouvernement, à accorder que les créances fussent admises en paiement des domaines, on doit le dire aussi pour les rentes.

D'après la loi sur leur rachat, le Gouvernement reçoit le remboursement sur le pied de quinze fois leur revenu annuel, et l'on peut même déduire de cette somme un cinquième pour les contributions que la rente doit supporter. En autorisant le rachat des rentes par les Créanciers, et au taux de l'intérêt à 5 pour cent, le Gouvernement au lieu de quinze fois, obtiendrait vingt fois la rente annuelle.

C'est ici le lieu de prévoir une objection et d'y répondre.

On pourrait dire qu'en admettant les créances en paiement des domaines, on écarte des enchères toute autre personne que les Créanciers, et l'on pourrait craindre qu'il n'en résultât du désavantage pour la République.

Avec un peu de réflexion, on s'apperçoit que la proposition ne tend pas à faire admettre uniquement les créances en paiement des domaines, mais seulement à les faire recevoir concurremment avec le numéraire ; de sorte que les non-Créanciers ne sont pas plus exclus des ventes que les Créanciers. C'est donc entre les uns et les autres que la concurrence s'établira : si, par la chaleur des enchères, l'immeuble reste au non-Créancier, la République y aura trouvé un grand avantage ; car le Créancier qui aura voulu le posséder, soit parce qu'il trouvait en l'acquérant le placement de sa créance, soit simplement parce qu'il lui faisait envie, aura élevé le prix de ce domaine aussi haut qu'il aura pu l'être.

Que si au contraire le bien reste au Créancier, ce ne sera pas sans que son compétiteur ne l'ait de beaucoup enchéri, ne fut-ce que pour se venger de l'obstination que le Créancier aura mis à le lui disputer; et dans ce cas, si la République doit tenir compte, sur le prix de la vente, du montant de la créance, elle en sera amplement dédommagée par l'élévation que l'adjudication aura acquis.

On peut encore objecter qu'après avoir distrait de la masse des biens nationaux à vendre, ceux qu'il faut réserver pour les Sénatoreries, la Légion d'honneur, les camps de Vétérans, établis par la loi du 1er. floréal, pour l'instruction publique, il est à craindre qu'il ne reste pas assez de biens à vendre pour payer les créances.

S'il en était ainsi, le parti le plus avantageux pour la République, serait encore d'admettre les unes en acquit des autres, concurremment avec le numéraire, afin d'augmenter la quantité des valeurs destinées à payer les biens; l'on sait que les immeubles comme les denrées, acquièrent du prix en raison *de l'abondance du signe*. Les spéculateurs comme les Créanciers, se présenteraient aux enchères; il en résulterait une hausse du prix des immeubles, qui, si elle ne produisait pas entièrement la libération de la République, approcherait au moins beaucoup de ce terme.

Mais l'objection en elle-même est loin d'avoir aucune réalité. L'évaluation des réserves à faire dans le seul département de la Roër en fournira la preuve.

D'après le sénatus-consulte du 14 nivôse, portant création des sénatoreries, les quatre nouveaux départemens du Rhin doivent fournir pour la dotation de ces Établissemens, un revenu annuel de 500,000 fr. Les biens nationaux sont répandus à-peu-près par égale portion dans chacun des quatre départemens; cependant, pour ne pas rester au-dessous de la vérité, on évaluera à 157,638 fr. la part pour laquelle le département de la Roër doit contribuer dans les cinq-cents mille francs, ci . . . . 157,638 f.

La somme de revenus pour laquelle il doit contribuer dans la dotation de la quatrième cohorte de

la Légion d'honneur , est portée dans l'arrêté des
Consuls du 23 messidor an 10, à . . . .   262,362 f.

Celle que le même département doit fournir pour
les camps de Vétérans établis par la loi du 1er. floréal an 11, peut être fixée à   80,000

Il n'y a aucune réserve à faire sur les biens
nationaux pour les dépenses d'instruction publique ;
les biens de l'Ecole centrale de Cologne qui n'ont
point été portés dans les états dont la régie des
domaines a l'administration , suffisent pour les dépenses auxqu'elles ils sont affectées.

Ainsi, le montant des revenus à fournir par le
département de la Roër, pour les trois autres articles
s'élevera à   500,000

Etablissons maintenant l'état des revenus que la République perçoit,
afin d'avoir un point de comparaison.

On est certain de ne rien exagérer en portant les revenus des biens
nationaux, y compris les forêts , à . . . .   2,500,000 f.   «

En déduisant pour les sénatoreries, la Légion d'hon-
neur et les Vétérans , le total ci-dessus de   500,000

Resterait encore un revenu de . . . .   2,000,000 f.   «
qui multiplié par onze, taux au-dessous duquel les
domaines ne peuvent être vendus d'après la loi du
15 Floréal an X , donnera pour le capital de ce
qui restera à vendre , une somme de . . . .   22,000,000 f.   «

Ajoutant les rentes dûes à la République , donnant
approximativement par année une somme de 500,000 f.
Et multipliant cette somme par quinze , taux fixé
par la loi pour le rachat, on trouve un capital de. . .   7,500,000   «

Ci-contre. . . . . , ... 29,500,000 f. «

Les capitaux dûs aux anciens Domaines et Établissemens supprimés, et que le Gouvernement peut exiger
dès-à-présent, se montent à-peu-près à 5,000,000

Т отаl. . . . . 34,500,000 f. «

De cette somme il faudra déduire encore celle à
laquelle se montent les dettes, et qui, d'après les divers
états que nous avons fournis ci-dessus, s'élèvent à . . 21,184,412   53

Résultat. . . . . 13,315,587 f. 47 c.

Mais il faut observer que nous n'avons évalué le prix des domaines
que sur le pied de onze fois le revenu, et celui des rentes à quinze fois
seulement.

On peut croire sans crainte de se tromper, que les acquisitions seront
faites en général sur le pied de 6 pour cent; la masse des domaines à
vendre simultanément, et la rareté de l'argent dans le pays empê-
cheront qu'on ne les porte plus haut. Les ventes faites à ce taux don-
neront déjà pour 2,000,000 f. de revenu un capital de 33,333,333 f. «

Au lieu des 22,000,000 f. que nous avons trouvés plus
haut, voilà déjà sur ces articles une augmentation de
plus d'un tiers.

Mais si les créances sont admises en paiement des
domaines, le prix de ceux-ci sera encore plus élevé,
parce que les Créanciers consentiront volontiers à
les acquérir à raison de 3 et 4 pour cent.

En supposant que les ventes seront généralement
faites à raison de 3 et ½ pour cent, l'augmentation
serait portée jusqu'à. 57,142,857   «

On peut dire la même chose à l'égard des rentes
qui donnent 7,500,000 f. évalués à quinze fois. Si les
Créanciers ont la faculté de les acquérir avec leurs
créances, elles seront achetées généralement à
raison de 20 fois le revenu, c'est-à-dire, de 5 pour

cent. Ainsi il y aura sur cet article une augmenta-
tion d'un quart, et le capital sera en totalité de . . . 9,375,000 «
Plus les capitaux actifs. . . . . 5,000,000 «

      T O T A L. . . . . 71,517,857 f. «

Déduisant de ce total pour les créances passives que
le Gouvernement devra rembourser, comme succédant
aux anciens Souverains et corporations supprimés. . . 21,184,412 53

Restera en actif à retirer de la vente des domaines,
du rachat des rentes et du paiment des créances actives 50,333,444 47

Il faut encore noter les indemnités qui sont réclamées
par les anciens Fonctionaires du pays, et les pensions
accordées aux membres des corporations supprimées.
On peut évaluer ces deux objets à 14,000,000 f.; mais il
faut observer que les pensions se réduisent tous les
jours : supposons néanmoins , ce qui est évidemment
bien exagéré , que ce capital de . . . . 14,000,000 «
soit à déduire des 50,333,444 f. 47 c., il resterait au
Gouvernement, dans le seul département de la Roër,
après avoir payé avec les domaines de ce département,
la dette dont ils sont chargés . et qui fait à-peu-près la
moitié de celle des quatre départemens du Rhin, après
avoir fourni la cote-part à la dotation des Sénatoreries , de la Légion d'honneur et des camps de
vétérans, un actif de . . . . 36,333,444 f. 47 c.

Le parti que les Créanciers proposent au Gouvernement, leur paraît
tellement avantageux pour ses intérêts, qu'ils ont la confiance de croire
qu'il l'accueillera. En l'adoptant, il les tranquillisera sur la conservation
de leur gage jusqu'au moment où ce gage passera entre leurs mains ,
en place des créances qui s'éteindront ; il leur procurera l'emploi de
titres qui ont un privilège sur les biens, et qui n'auraient plus qu'une
très-faible valeur, si contre la lettre et la foi des contrats , on les
dépouillait de ce privilège ; il déchargera l'état des dettes assez considérables sans puiser dans les coffres. Enfin , par cette opération il
                                                               libérera

libérera non-seulement les domaines de toutes leurs dettes, sans réduire leur valeur, mais il libèrera aussi les contributions des charges dont elles étaient grevées; de sorte que ces contributions, qui sont aujourd'hui bien plus considérables qu'elles n'étaient autrefois (1), entreront dans les caisses publiques franches et quittes de toutes dettes.

LIQUIDATION.

Après avoir établi la quotité et la légitimité de la dette, proposé des moyens de l'éteindre, il reste à parler de ceux de la reconnaître et de la liquider.

En prouvant qu'il était avantageux pour l'État de recevoir les créances en paiement des domaines à vendre, on a prouvé que cette admission devait avoir lieu sans retard; car toute vente faite sans la concurrence de ces valeurs avec le numéraire, outre qu'elle attente aux droits des Créanciers, qu'elle les dépouille de leur gage, est nuisible aux intérêts du trésor public, *qui retirerait un plus haut prix des biens à vendre, si la*

---

(1) On évalue les revenus anciens de la partie de l'Électorat de Cologne qui est comprise aujourd'hui dans le département de la Roër à . . . . 1,000,000 f.
Des pays Prussiens sur la Rive gauche. . . . . 2,700,000 f.
Du pays de Juliers en contributions . . . . 1,300,000 f.
Les revenus des domaines du même pays montaient à . . . . 600,000 f.
Ceux de la ville d'Aix-la-Chapelle. . . . . 270,000 f.
Ceux de la ville de Cologne. . . . . 300,000 f.

Ainsi la totalité des revenus que l'on tirait autrefois de ces pays, s'élevait à . . . . 6,250,000 f.
Aujourd'hui le département de la Roër paie :

En contribution foncière. . . . . 3,584,358 f. ⎫
Personnelle, mobiliaire et somptuaire. . . . . 604.704. ⎪
Portes et Fenêtres. . . . . 351,830. ⎪
Patentes. . . . . 290,258. ⎬ 11,138,406 f.
Péages. . . . . 175,966. ⎪
Douanes . . . . 1,602,020. ⎪
Timbre, enregistrement, etc. . . . . 1,279.270. ⎪
Domaines, rentes et intérêts. . . . . 3,250,000. ⎭

Différence . . . . 4,888,400.

que le pays paie de plus qu'autrefois.
Cette augmentation se compose en partie des revenus des Etablissemens supprimés, dont les biens n'étaient pas comptés autrefois au nombre des biens domaniaux.

D

nombre des personnes disposées à les acheter et celui des valeurs des-
tinées à les payer , était étendu autant qu'il pourrait l'être.

La première idée qui se présenterait pour ménager les intérêts du trésor public et ceux des Créanciers de l'État, serait celle de la suspension des ventes. Mais dans les circonstances actuelles , ce parti ne peut convenir au Gouvernement; il faut donc l'écarter , et chercher un mode expéditif de liquidation.

La marche la plus sûre et la plus simple serait peut-être de liquider sur les registres des anciennes Souverainetés et Établissemens supprimés. C'est celle qui fut suivie par la France , lors de la paix de Westphalie; elle reconnut comme légitime , par l'article 89 du Traité d'Osnabruck , toute dette qui aurait été portée sur les registres de l'ancien débiteur.

Mais le défaut des titres domaniaux et des archives , qui sont encore en partie en la possession des anciens Souverains , de l'autre côté du Rhin , ne permet pas de suivre cette marche en ce moment. On est dispensé par suite de prévoir les objections auxquelles cette proposition pourrait donner lieu.

Il importe en attendant, d'adopter un mode au moins provisoire qui, pour l'avantage commun du trésor public et des Créanciers , laisse continuer les ventes , et fasse admettre incontinent les titres de créances en paiement des domaines. Ce mode serait d'autoriser les Préfets des quatre Départemens à délivrer, sur la remise qui leur serait faite des titres , ou sur l'inspection de ceux des anciens registres qui sont déjà déposés aux Préfectures , des certificats de liquidation provisoire, admissibles en paiement des biens à vendre. Cela ne dispenserait point pour la suite d'un examen plus attentif des titres et des formalités d'une liquidation définitive ; et pour empêcher que les intérêts de l'État ne fussent jamais compromis par l'admission des certificats de liquidation provisoire , on pourrait ne les recevoir en paiement que pour une portion de la valeur qu'ils représenteraient pour les deux tiers , par exemple.

L'autorité qui liquiderait en définitif, trouverait dans l'autre tiers une latitude suffisante pour redresser les erreurs qui auraient pu être faites dans la liquidation provisoire ; et s'il n'en avait pas été commis, ce troisième tiers pourrait être reçu en paiement des derniers termes du prix de la vente.

Il n'en faudrait pas moins s'occuper, dès-à-présent, de l'exécution des articles 13 et 17 des Traités de Campo-Formio et de Lunéville, et 7 de celui conclu particulièrement avec la Bavière, et nommer des Commissaires pour retirer les titres et archives, qui sont encore entre les mains des anciens Souverains. Il serait nécessaire sur-tout d'obtenir promptement les registres, titres et papiers concernant les dettes.

Il faudrait aussi, préalablement à la liquidation, résoudre les questions suivantes :

1º. Comment se diviseront les dettes communes aux anciens Souverains et au Gouvernement français, et celles communes à la République et aux villes d'*Aix-la-Chapelle* et de *Cologne* ?

Affectera-t-on à l'un ou à l'autre des États, ou à l'une des villes, un nombre donné de Créanciers avec la totalité de leurs créances ; ou bien la totalité des créances sera-t-elle divisée entre les Gouvernemens et les villes, de manière à ce que chaque Créancier puisse répéter une portion de sa créance envers chaque État ou ville ?

Ce dernier parti paraît le plus convenable, quoiqu'il divise la dette ; il ferait participer les Créanciers aux chances avantageuses qui pourraient résulter des règles que les différens Gouvernemens ou les Communes adopteront pour l'acquit de leurs dettes.

2º. Où seront déposés les titres appartenans à un pays qui se trouve aujourd'hui partagé entre plusieurs départemens ?

Cette question a été décidée par une lettre adressée le 10 floréal an 11, par le Ministre des Finances, au Préfet de la Roër. Cette lettre porte que les titres des ci-devant Duché de *Juliers* et Électorat de *Cologne*, qui sont maintenant partagés entre les départemens de la *Roër*, de *Rhin et Moselle*, et de la *Sarre*, seront déposés au Secrétariat-général de la Préfecture de la *Roër*, attendu que le département de la *Roër* comprend la majeure partie de ces pays.

3º. Un pays étant partagé entre plusieurs Souverains, comme celui de *Cologne*, de *Clèves*, de *Juliers*, qui était autrefois confondu avec le Duché *Berg*, auquel de ces Souverains le titre primitif devra-t-il être rendu ou conservé ?

Il paraîtrait convenable de le laisser ou de le faire rendre à l'État qui suppporterait la plus grande charge, sauf à celui-ci à fournir aux autres États des copies authentiques représentatives du titre primordial. Au surplus, ce point est à régler avec divers Princes de l'Empire.

R E S U M É.

La dette du département de la Roër monte approximativement à . . . . 21,184,412 f. 53 c.

On évalue les pensions accordées aux membres des établissemens supprimés, et les indemnités réclamées par les anciens fonctionnaires publics, en capital, à 14,000,000

Il y a pour l'acquitter, et déduction faite des 35,184,412 f. 53 c. biens à réserver pour les Sénatoreries, la Légion d'honneur et les camps de vétérans, des domaines dont les revenus s'élèvent à 2,000,000 fr. Ces domaines donneraient, en les vendant sur le pied de

onze fois le revenu, d'après la loi.	à 6 pour cent, taux auquel on peut présumer que les ventes seront portées.	à 3 et demie pour cent, taux que l'on peut raisonnablement attendre si les créances sont admises en paiement des biens, concurremment avec le numéraire.	
22,000,000 fl.	33,333,333 fr.	57,142,857 fr.	71,517,857 f.

Ajoutant les rentes dues à la République, et qui s'élèvent à 500,000 fr., vendues avec la faculté de les payer par des créances aussi en concurrence avec le numéraire ; elles seraient achetées, non pas seulement à raison de 6 deux tiers, comme le porte la loi, mais à raison de 5 pour cent ; ce qui produirait un capital de 9,375,000

Les capitaux actifs. 5.000,000

    T o t a l . . . . 71.517,857 fr.

Ainsi il resterait à l'État, après avoir payé toutes les dettes du département, réserve les biens nécessaires aux Sénatoreries, à la Légion d'honneur, aux camps de Vétérans, et avoir affranchi les contributions du pays de toutes les charges dont elles ont été grevées, un capital en numéraire de . . . . 36,333,444 f. 47 c.

Le soussigné se réserve de fournir par la suite les renseignemeus qu'il
a promis, à mesure qu'ils lui parviendront.

Paris, le 25 Messidor an XI.

KÖREGEN,

Fondé de pouvoir des Créanciers, résidans
dans le département de la Roër.

www.ingramcontent.com/pod-product-compliance
Lightning Source LLC
LaVergne TN
LVHW021653170726
843501LV00007B/2539